한글은 내친구 ④

생각하는 동화	4
자~지 낱말 익히기	6
차~치 낱말 익히기	18
카~키 낱말 익히기	30
타~티 낱말 익히기	42
파~피 낱말 익히기	54
하~히 낱말 익히기	66
닿소리 + ㅑ, ㅕ, ㅛ, ㅠ	78
닿소리 + ㅐ, ㅔ, ㅚ, ㅟ	86
닿소리 + ㅏ, ㅓ, ㅗ, ㅜ, ㅡ, ㅣ	94

이렇게 지도해 주세요.

하나. 아이와 대화하는 부모가 되어주세요.

아 이의 두뇌성장을 돕는 환경적 자극 중에서 부모와의 대화에서 얻어지는 언어자극은 아이의 두뇌성장에 큰 역할을 합니다.
엄마와 매일 대화하는 아이가 그렇지 않은 아이에 비해 언어구사력이 뛰어난 것은 바로 이러한 사실을 뒤받침 해주는 증거입니다. 아이는 엄마와의 대화를 통해서 또래와의관계에서는 얻기 힘든 새롭고 다양한 낱말을 배우게 됩니다. 그렇기 때문에 부모와 함께하는 언어활동은 아이에게 그 어떤 자극보다 중요한 교육이 될 수 있습니다.

둘. 아이의 끊임없는 질문에 성실하게 대답해 주세요.

아 이가 부모와 대화를 통해 언어활동을 시작하면서 유치원, 어린이집 등에서 만난 또래친구들과도 어울리며 수많은 질문과 궁금증을 갖게 됩니다. 그러면서 질문을 반복해서 하게 되는데, 이때 아이의 반복된 질문에 부모가 늘 성실하게 대답해 주고 칭찬을 아끼지 않는다면 그 학습효과는 보다 효과적으로 발휘될 것입니다.

셋. 좋은 교재로 학습에 대한 호기심을 자극해 주세요.

학 습을 처음 시작한 아이에게 좋은 교재는 학습에 대한 새로운 호기심을 자극할 수 있는 좋은 친구입니다. 또한 아이의 학습욕구를 자극하기 위해서는 교재를 먼저 보여주고 빨리 하고 싶다는 생각을 끌어주는 것도 하나의 방법입니다. 예를 들면 스티커나, 색칠하기, 오리기, 접기 등의 교재를 보면서 아이가 가위질과 크레용을 사용하여 색칠하고, 스티커를 떼서 붙이는 활동에 흥미를 느끼게 되는 것입니다.

생각이 커지는 내친구 한글 시리즈

〈한글은 내친구〉는 한글을 배우기 시작하는 만3세 영아 과정부터 7세까지 제 7차 교육과정을 바탕으로 한 교과서 중심의 한글학습교재로 전 8권으로 구성되어있습니다.

본 교재는 아이가 쉽게 알고 인지할 수 있도록 사진, 그림, 스티커 붙이기, 색칠하기 등으로 다양하게 엮었으며, 생각을 키워주는 '생각하는 동화'를 통한 인성교육도 세심하게 다루었습니다.

1권에서 8권까지의 전 과정은 영아부터 초등학교 입학 전 아동이 반드시 배워야 할 학습 내용이 빠짐없이 탄탄하게 구성되어 있어, 한글을 배우기 시작하는 단계에서부터 문장 쓰기까지의 모든 과정을 완벽하게 마스터 할 수 있는 창의학습 프로그램입니다.

한글은 내친구 — 구성과 특징

1단계
여러 가지 선 긋기와 색칠하기, 스티커 붙이기를 통한 놀이 학습, 자음(닿소리)과 모음(홀소리) 배우기로 구성하였습니다.

2단계
생각하는 동화와 닿소리-홀소리의 복습, 가~허, 거~허를 그림과 함께 익히고 쓸 수 있게 구성하였습니다.

3단계
자음(닿소리)과 모음(홀소리)의 합성 형태를 낱말을 통해 익히고 읽고 쓸 수 있도록 구성하였습니다.

4단계
자음(닿소리)과 모음(홀소리)의 합성 낱말과 겹닿소리 익히기를 구성 하였습니다.

5단계
여러 가지 기관에서 하는 일과 받침이 있는 글자를 학습하도록 구성하였습니다.

6단계
겹받침과 단위를 나타내는 말, 서수, 감정을 나타내는 말을 학습하도록 구성하였습니다.

7단계
같은 말 다른 뜻(동음이의어), 소리를 표현하는 말을 학습하고 받아쓰기 등의 심화학습을 할 수 있도록 구성하였습니다.

8단계 우리들은 1학년
예비초등단계로 초등학교 입학 전 아동을 위해 초등학교 1학년 교과내용을 중심으로 하였으며 1권에서 7권을 마무리하는 단계로 구성하였습니다.

유치원 교육 과정에 따른
8단계 교육 프로그램

베짱이의 후회

　하얀 눈이 펑펑 내리는 추운 겨울날, 허름한 옷을 여미고 차가운 바람 속을 걷고 있는 베짱이가 보였어요.
　"아이 추워. 배도 고프고, 더 이상은 못 걷겠어."
　베짱이는 눈을 피해 나무 아래로 갔어요. 그런데 그곳은 더운 여름날 열심히 일하던 개미가 살고 있는 집이었어요.
　"어머, 너는 베짱이가 아니니? 추운데 어서 들어와."

개미는 불쌍한 베짱이를 집으로 들어오게 하고, 맛있는 음식을 대접했어요.
"개미야 고마워. 나도 여름에 놀지 않고 열심히 일했으면 지금처럼 고생하지 않았을 텐데."
베짱이는 울면서 후회했어요. 그리고, 다음부터는 열심히 일해야겠다는 다짐도 했답니다.

◎ 베짱이는 왜 울면서 후회했는지, 이야기 해 보세요.

'자~지' 익히기

🎲 소리내어 읽으면서 바르게 써 보세요.

자	자	자	자	자	자
저	저	저	저	저	저
조			조	조	조
주	주	주	주	주	주
즈	즈	즈	즈	즈	즈
지	지	지	지	지	지

날짜 :　　월　　일

'자~지' 익히기

🎲 그림의 이름에 들어 있는 낱자와 같은 것을 찾아 ○ 해 보세요.

날짜: 월   일

'자' 낱말 익히기

🎲 그림과 함께 낱말을 읽고, 바르게 써 보세요.

자	두	자	라	의	자
자	두	자	라	의	자
자	두	자	라	의	자
자	두	자	라	의	자

날짜: 월   일

'저' 낱말 익히기

매우잘함 잘함 보통

🎲 그림과 함께 낱말을 읽고, 바르게 써 보세요.

저	고	리
저	고	리
저	고	리
저	고	리

저	수	지
저	수	지
저	수	지
저	수	지

날짜 :   월   일

'조' 낱말 익히기

매우잘함 잘함 보통

🎲 그림과 함께 낱말을 읽고, 바르게 써 보세요.

조	개	조	끼	조	리
조	개	조	끼	조	리
조	개	조	끼	조	리
조	개	조	끼	조	리

날짜 :   월   일

'주' 낱말 익히기

🎲 그림과 함께 낱말을 읽고, 바르게 써 보세요.

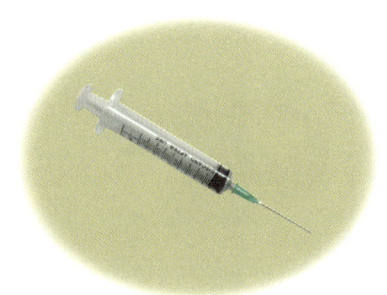

주	사	기
주	사	기
주	사	기
주	사	기

주	사	위
주	사	위
주	사	위
주	사	위

'즈' 낱말 익히기

그림과 함께 낱말을 읽고, 바르게 써 보세요.

치	즈

심	벌	즈

'지' 낱말 익히기

그림과 함께 낱말을 읽고, 바르게 써 보세요.

지	도
지	도
지	도
지	도

지	구
지	구
지	구
지	구

휴	지
휴	지
휴	지
휴	지

'자~조' 낱말 다지기

🎲 그림과 함께 낱말을 읽고, 바르게 써 보세요.

자	두
자	두
자	두
자	두

저	울
저	울
저	울
저	울

조	개
조	개
조	개
조	개

날짜: 월 일

'주~지' 낱말 다지기

🎲 그림과 함께 낱말을 읽고, 바르게 써 보세요.

공	주
공	주
공	주
공	주

치	즈
치	즈
치	즈
치	즈

지	구
지	구
지	구
지	구

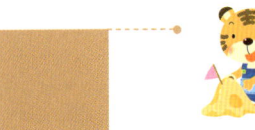

날짜 : 월 일

'자~지' 다지기

매우잘함 잘함 보통

그림의 이름 빈 곳에 알맞은 낱자 스티커를 붙여 보세요.

의

치

수

반

사위

개

소리내어 읽으면서 바르게 써 보세요.

자	저	조	주	즈	지
자	저	조	주	즈	지

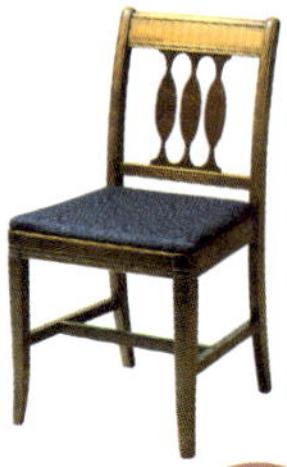

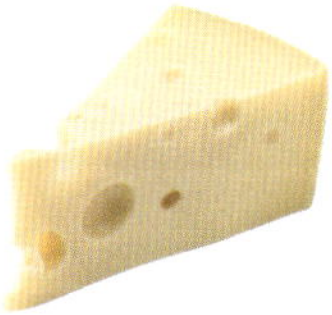

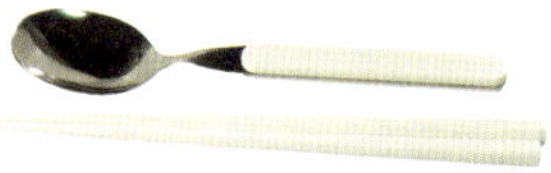

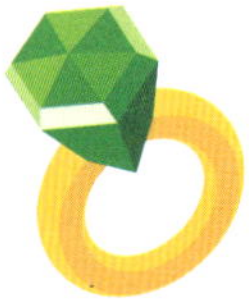

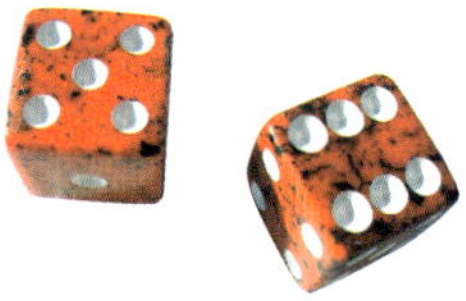

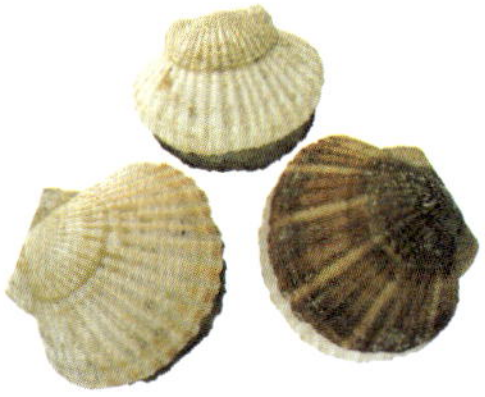

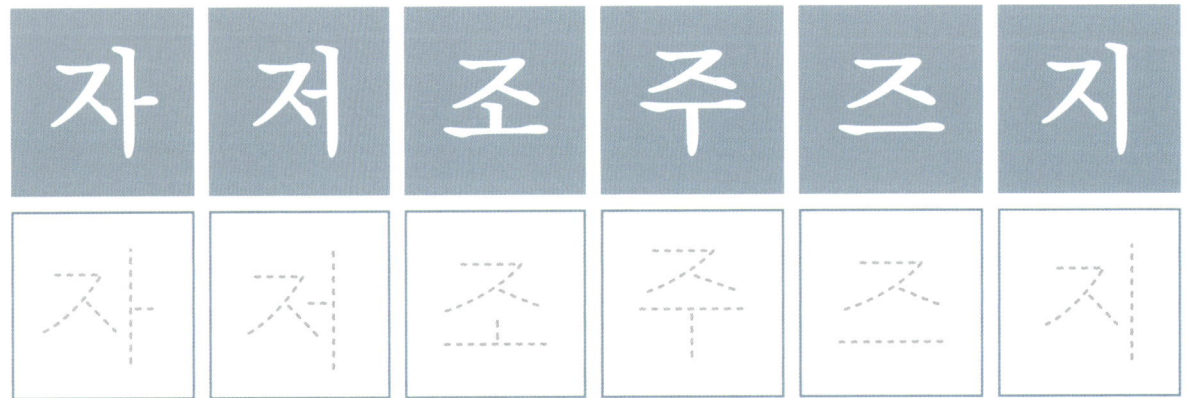

'자~지' 다지기

🎲 그림의 이름에 맞는 낱말에 ○하고, 써 보세요.

자두   자울   지우개
저두   저울   자우개
자두   저울   지우개

🎲 두 그림의 이름에 똑같이 들어 있는 글자에 색칠해 보세요.

날짜:　　월　　일

'차~치' 익히기

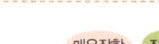

🎲 소리내어 읽으면서 바르게 써 보세요.

차	차	차	차	차	차

처	처	처	처	처	처

초	초	초	초	초	초

추			추	추	추

츠	츠	츠	츠	츠	츠

치	치	치	치	치	치

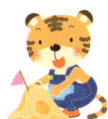

날짜 : 월 일

'차~치' 익히기

매우잘함 잘함 보통

그림 스티커를 붙이고 알맞은 낱말이 되도록 이어 보세요.

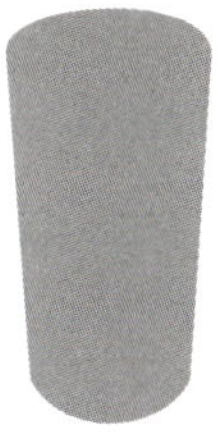

양 · · 차

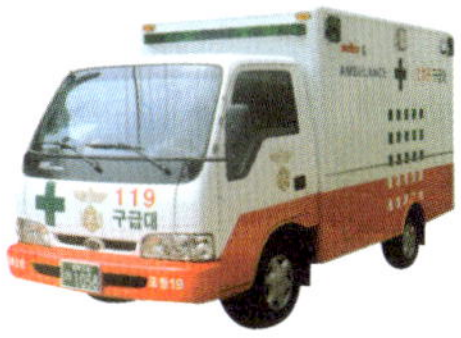

구급 · · 초

배 · · 치

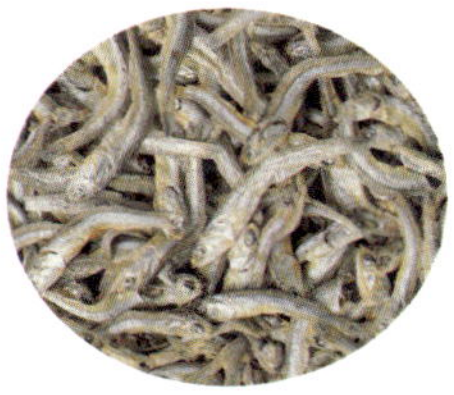

멸 · · 추

그림을 보고, □ 안에 알맞은 글자 스티커를 붙여 보세요.

□□

□□

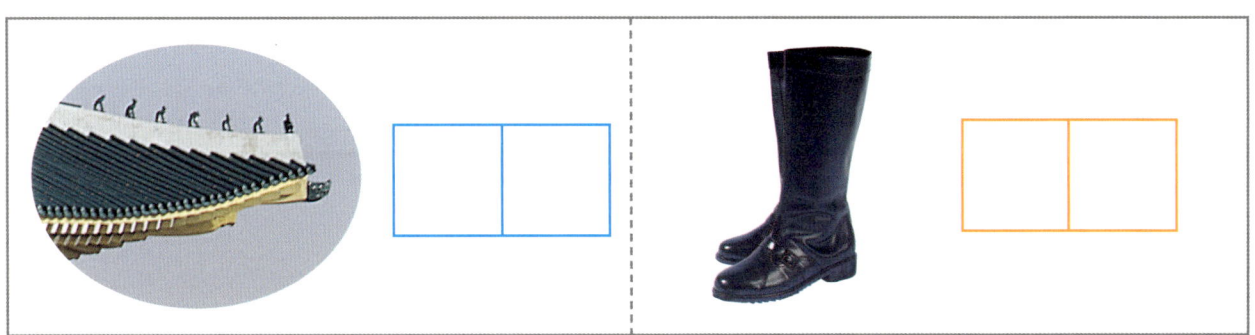

날짜 :   월   일

'차' 낱말 익히기

🎲 그림과 함께 낱말을 읽고, 바르게 써 보세요.

차	도	차	표	기	차
차	도	차	표	기	차
차	도	차	표	기	차
차	도	차	표	기	차

날짜:　　　월　　　일

'처' 낱말 익히기

🎲 그림과 함께 낱말을 읽고, 바르게 써 보세요.

  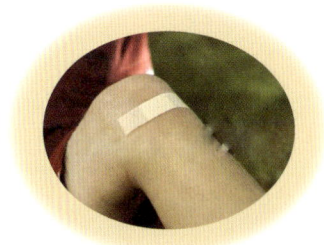

처	마
처	마
처	마
처	마

부	처
부	처
부	처
부	처

상	처
상	처
상	처
상	처

날짜 :   월   일

'초' 낱말 익히기

🎲 그림과 함께 낱말을 읽고, 바르게 써 보세요.

초	가
초	가
초	가
초	가

식	초
식	초
식	초
식	초

양	초
양	초
양	초
양	초

날짜 :   월   일

'추' 낱말 익히기

매우잘함 잘함 보통

🎲 그림과 함께 낱말을 읽고, 바르게 써 보세요.

대	추
대	추
대	추
대	추

배	추
배	추
배	추
배	추

추	수
추	수
추	수
추	수

'츠' 낱말 익히기

날짜 :   월   일

🎲 그림과 함께 낱말을 읽고, 바르게 써 보세요.

와	이	셔	츠
와	이	셔	츠
와	이	셔	츠
와	이	셔	츠

부	츠
부	츠
부	츠
부	츠

'치' 낱말 익히기

그림과 함께 낱말을 읽고, 바르게 써 보세요.

치	마	까	치	여	치
치	마	까	치	여	치
치	마	까	치	여	치
치	마	까	치	여	치

'차~초' 낱말 다지기

그림과 함께 낱말을 읽고, 바르게 써 보세요.

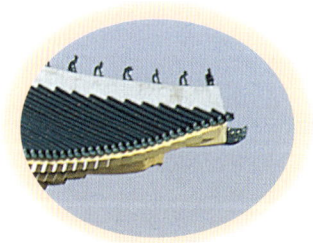

차	도
차	도
차	도
차	도

처	마
처	마
처	마
처	마

초	가
초	가
초	가
초	가

날짜:　　월　　일

'추~치' 낱말 다지기

🎲 그림과 함께 낱말을 읽고, 바르게 써 보세요.

고	추	셔	츠	치	마
고	추	셔	츠	치	마
고	추	셔	츠	치	마
고	추	셔	츠	치	마

4단계 27

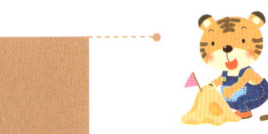

날짜 : 월 일

'차~치' 다지기

매우잘함 잘함 보통

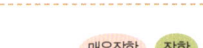

나무에 있는 낱말에서 같은 낱자가 써 있는 바구니와 연결해 보세요.

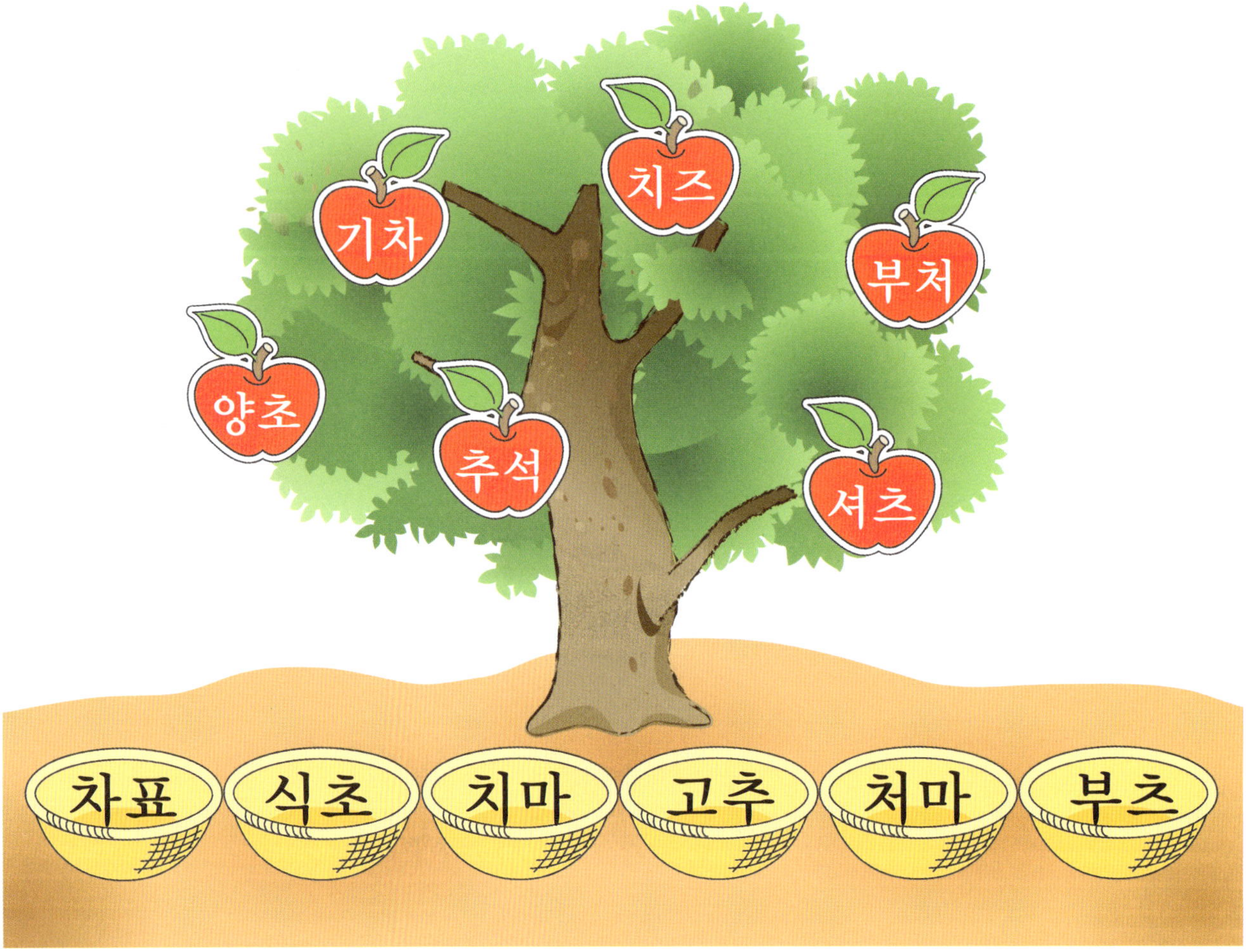

기차
치즈
부처
양초
추석
셔츠
차표
식초
치마
고추
처마
부츠

소리내어 읽으면서 바르게 써 보세요.

차	처	초	추	츠	치
차	처	초	추	츠	치

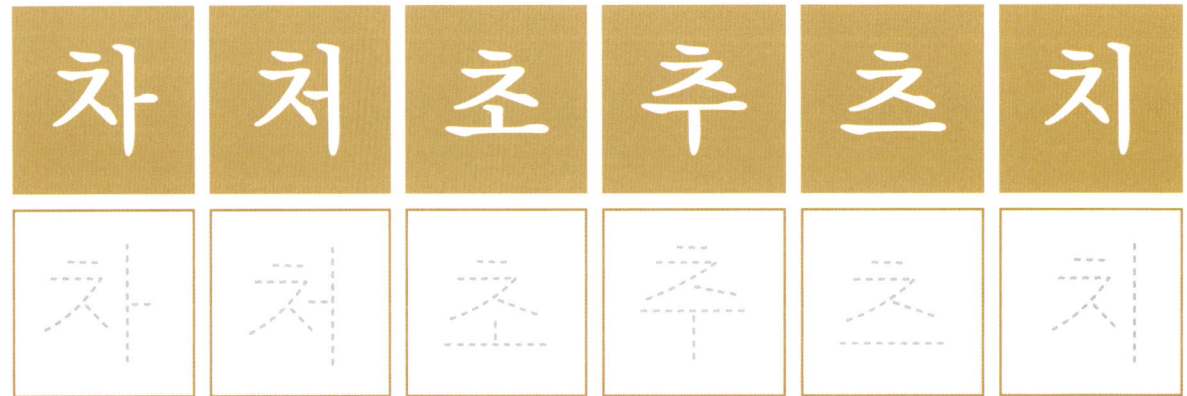

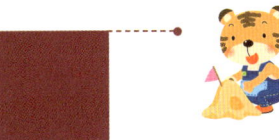

날짜 : 월 일

‘차~치’ 다지기

매우잘함 잘함 보통

그림의 이름에 들어 있는 글자를 찾아 연결해 보세요.

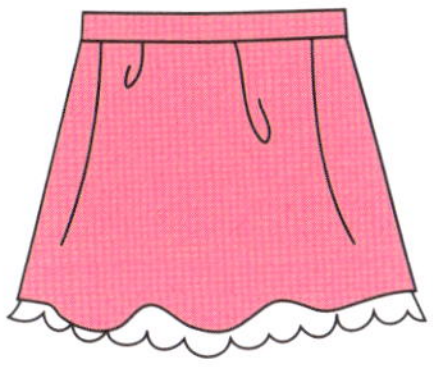

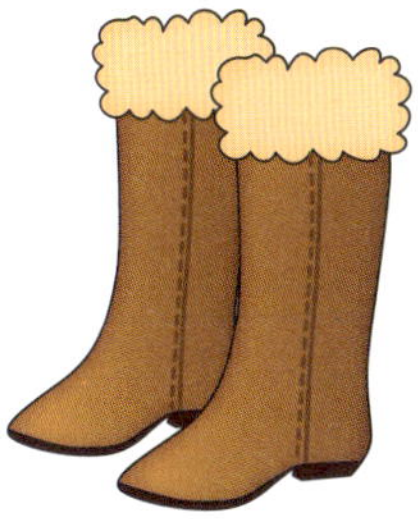

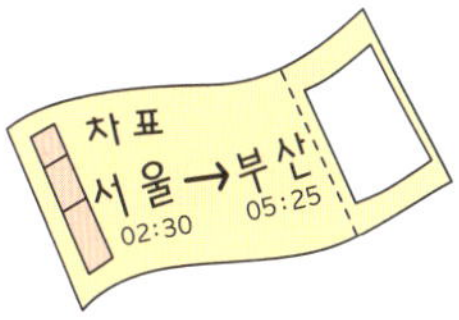

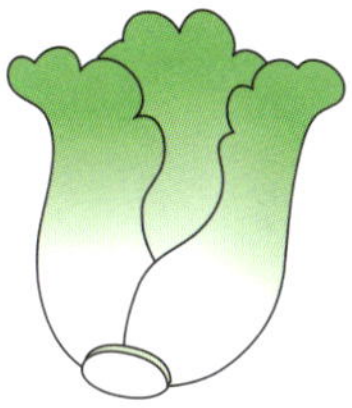

배 치 부 차

츠 추 표 마

그림의 이름을 말하고, 빈 곳에 알맞은 글자 스티커를 붙여 보세요.

기

표

식

콜 릿

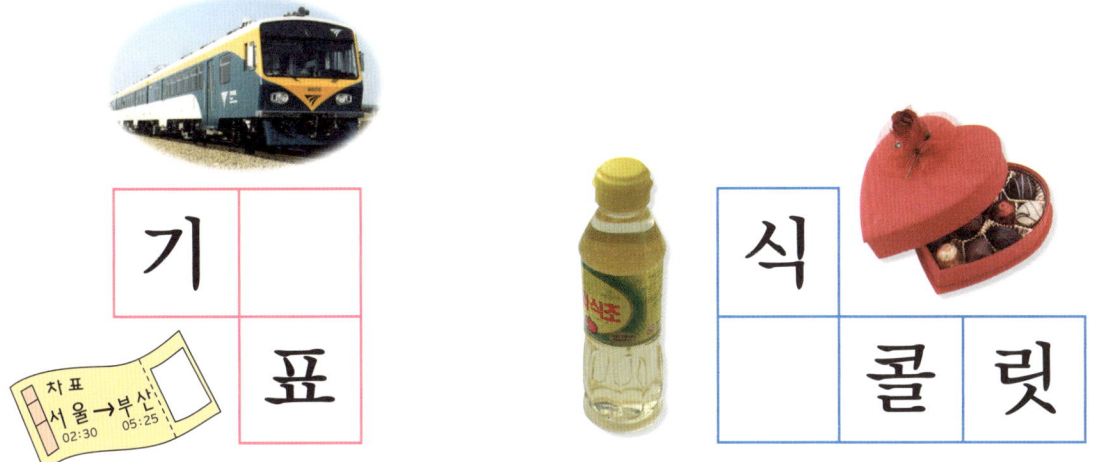

날짜 :   월   일

'카~키' 익히기

🎲 소리내어 읽으면서 바르게 써 보세요.

카	카	카	카	카	카
커	커	커	커	커	커
코	코	코	코	코	코
쿠	쿠	쿠	쿠	쿠	쿠
크	크	크	크	크	크
키	키	키	키	키	키

날짜 :   월   일

'카~키' 익히기

🎲 그림자에 알맞은 스티커를 붙이고, 큰소리로 읽어 보세요.

| 카 | 메 | 라 |

| 쿠 | 키 |

| 코 | 끼 | 리 |

| 커 | 피 |

🎲 아래 빈 칸에 공통으로 들어갈 낱자를 써서 이름을 완성해 보세요.

| 쿠 | |
| | 위 |

	끼	리
알	
라	

날짜 :   월   일

'카' 낱말 익히기

매우잘함 잘함 보통

🎲 그림과 함께 낱말을 읽고, 바르게 써 보세요.

카	메	라
카	메	라
카	메	라
카	메	라

카	세	트
카	세	트
카	세	트
카	세	트

날짜: 월   일

'커' 낱말 익히기

매우잘함 잘함 보통

🎲 그림과 함께 낱말을 읽고, 바르게 써 보세요.

크	래	커
크	래	커
크	래	커
크	래	커

커	튼
커	튼
커	튼
커	튼

4 단계 33

날짜: 월   일

'코' 낱말 익히기

매우잘함 잘함 보통

🎲 그림과 함께 낱말을 읽고, 바르게 써 보세요.

코	끼	리
코	끼	리
코	끼	리
코	끼	리

코	코	아
코	코	아
코	코	아
코	코	아

'쿠' 낱말 익히기

그림과 함께 낱말을 읽고, 바르게 써 보세요.

쿠	션

소	쿠	리

날짜: 월   일

'ㅋ' 낱말 익히기

그림과 함께 낱말을 읽고, 바르게 써 보세요.

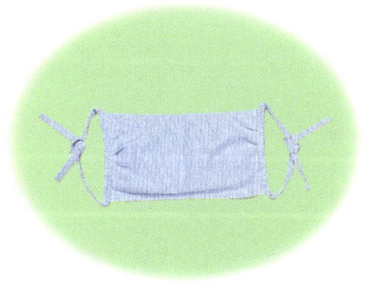

케	이	크
케	이	크
케	이	크
케	이	크

마	스	크
마	스	크
마	스	크
마	스	크

날짜: 월 일

'키' 낱말 익히기

🎲 그림과 함께 낱말을 읽고, 바르게 써 보세요.

키	위
키	위
키	위
키	위

쿠	키
쿠	키
쿠	키
쿠	키

하	키
하	키
하	키
하	키

'카~코' 낱말 다지기

그림과 함께 낱말을 읽고, 바르게 써 보세요.

카	레

커	튼

코	끼	리

날짜: 월   일

'쿠~키' 낱말 다지기

매우잘함 잘함 보통

🎲 그림과 함께 낱말을 읽고, 바르게 써 보세요.

쿠	키
쿠	키
쿠	키
쿠	키

케	이	크
케	이	크
케	이	크
케	이	크

키	위
키	위
키	위
키	위

4단계 39

날짜 :   월   일

'카~키' 다지기

🎲 이름에 맞는 낱자를 색칠해 보세요.

| 커 키 튼 | 커 카 메라 | 쿠 코 키 |

| 케이 커 크 | 커 키 위 | 쿠 코 끼리 |

🎲 소리내어 읽으면서 바르게 써 보세요.

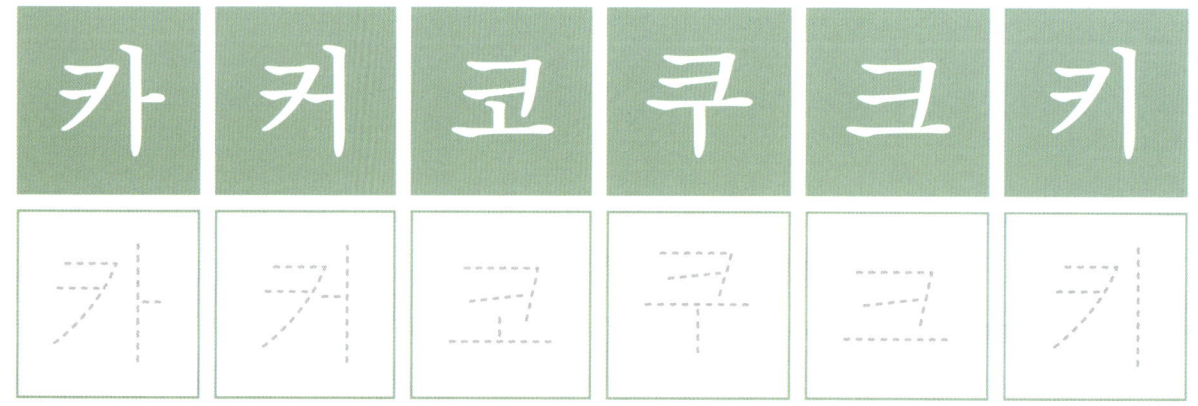

카 커 코 쿠 크 키

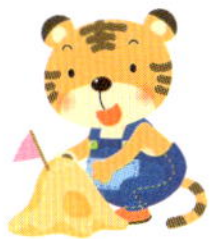

날짜 : 월 일

'카~키' 다지기

매우잘함 잘함 보통

그림의 이름 빈 곳에 알맞은 낱자 스티커를 붙이고, 그림과 이어 보세요.

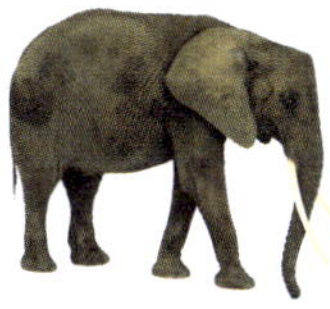

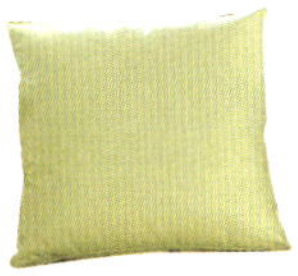

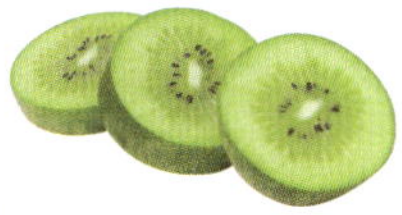

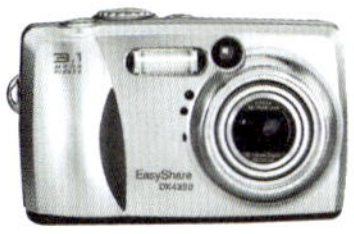

●위 ●끼리 ●메라 ●션

그림을 보고 ● 안에 들어갈 알맞은 글자를 찾아 ○ 해 보세요.

●피

카 커 코

●스모스

커 코 쿠

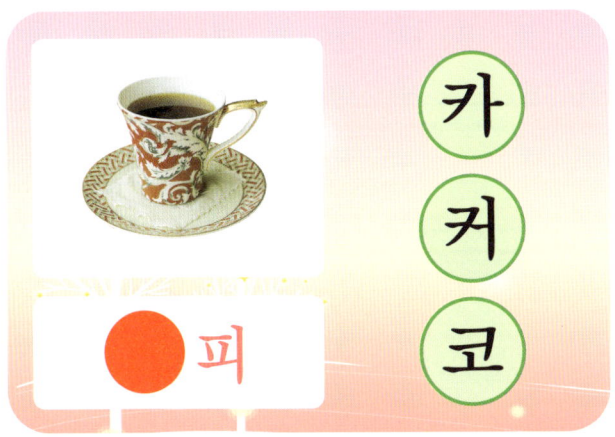

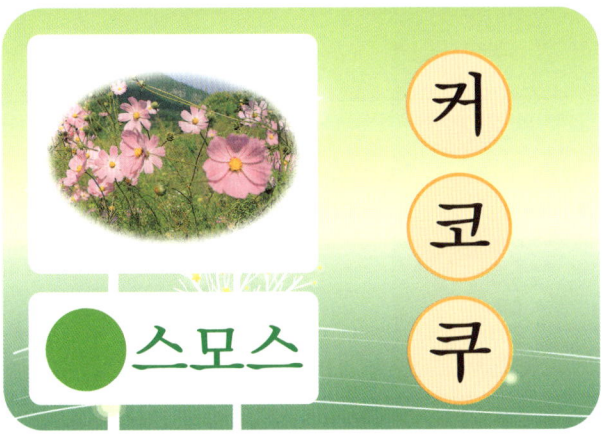

'타~티' 익히기

🎲 소리내어 읽으면서 바르게 써 보세요.

타			타	타	타
터	터	터	터	터	터
토	토	토	토	토	토
투	투	투	투	투	투
트	트	트	트	트	트
티	티	티	티	티	티

날짜: 월   일

'타~티' 익히기

매우잘함 잘함 보통

🎲 □ 안에 들어갈 글자 스티커를 붙이고, 그림의 이름을 찾아 줄로 이어 보세요.

| □ | 조 | | □ | 끼 | | □ | 우 |

🎲 그림을 보고, 공통으로 들어가는 글자 스티커를 붙여 보세요.

   □ 표
         우 □

   □ 버
놀 이 □

날짜: 월   일

'타' 낱말 익히기

매우잘함 잘함 보통

🎲 그림과 함께 낱말을 읽고, 바르게 써 보세요.

타	조
타	조
타	조
타	조

치	타
치	타
치	타
치	타

기	타
기	타
기	타
기	타

날짜:　　　월　　　일

'터' 낱말 익히기

🎲 그림과 함께 낱말을 읽고, 바르게 써 보세요.

놀	이	터

버	터

날짜: 월 일

'토' 낱말 익히기

🎲 그림과 함께 낱말을 읽고, 바르게 써 보세요.

토	마	토
토	마	토
토	마	토
토	마	토

토	끼
토	끼
토	끼
토	끼

날짜:　　월　　일

'투' 낱말 익히기

🎲 그림과 함께 낱말을 읽고, 바르게 써 보세요.

투	표
투	표
투	표
투	표

투	우
투	우
투	우
투	우

투	수
투	수
투	수
투	수

날짜: 월   일

'트' 낱말 익히기

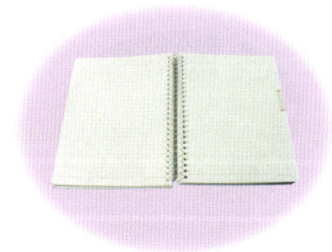

아	파	트
아	파	트
아	파	트
아	파	트

노	트
노	트
노	트
노	트

날짜: 월 일

'티' 낱말 익히기

🎲 그림과 함께 낱말을 읽고, 바르게 써 보세요.

4 단계 49

'타~토' 낱말 다지기

날짜 :   월   일

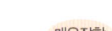

그림과 함께 낱말을 읽고, 바르게 써 보세요.

타	조	놀	이	터	토	끼
타	조	놀	이	터	토	끼
타	조	놀	이	터	토	끼
타	조	놀	이	터	토	끼

'투~터' 낱말 다지기

 그림과 함께 낱말을 읽고, 바르게 써 보세요.

 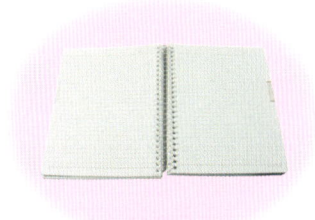 

투	수	노	트	파	티
투	수	노	트	파	티
투	수	노	트	파	티
투	수	노	트	파	티

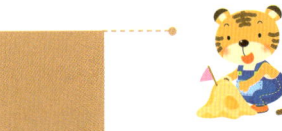

날짜 : 월 일

'타~티' 다지기

매우잘함 잘함 보통

낱말의 이름이 바르게 쓰여진 풍선을 색칠해 보세요.

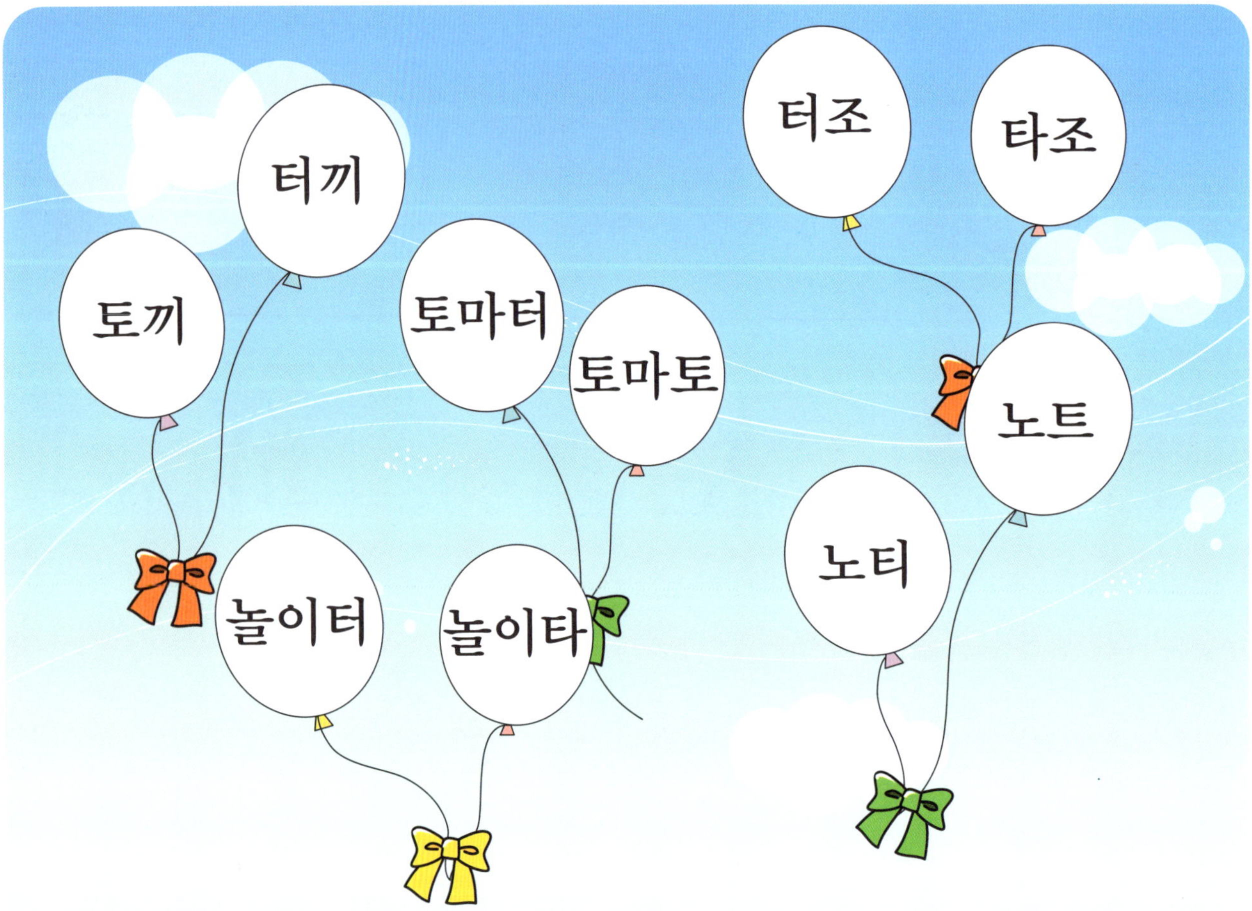
터끼
토끼
토마터
토마토
놀이터
놀이타
터조
타조
노트
노티

소리내어 읽으면서 바르게 써 보세요.

타	터	토	투	트	티
타	터	토	투	트	티

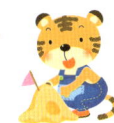

날짜 : 월 일

'타~티' 다지기

매우잘함 잘함 보통

그림의 이름 빈 곳에 알맞은 스티커를 붙여 보세요.

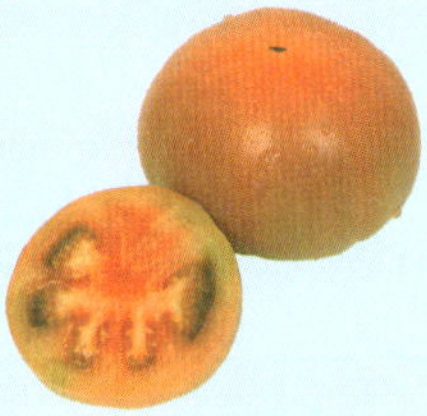

○ 마토

느 ○ 나무

○ 라이앵글

○ 조

○ 널

○ 우

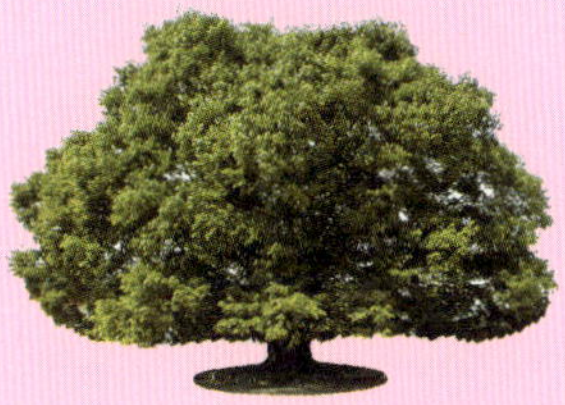

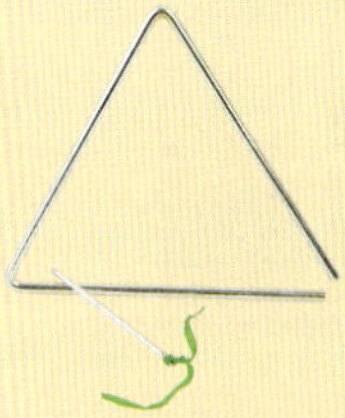

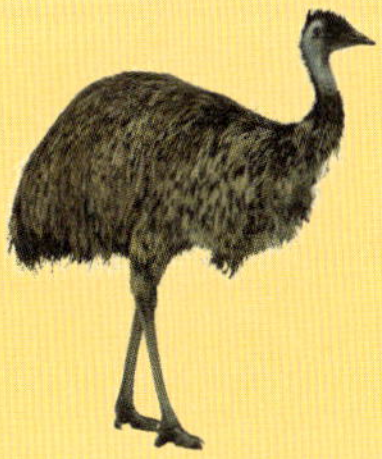

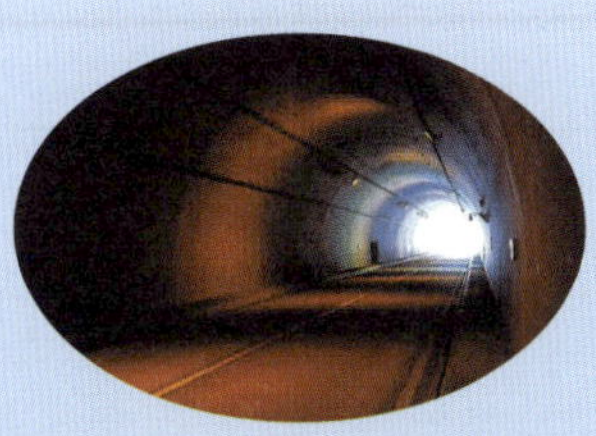

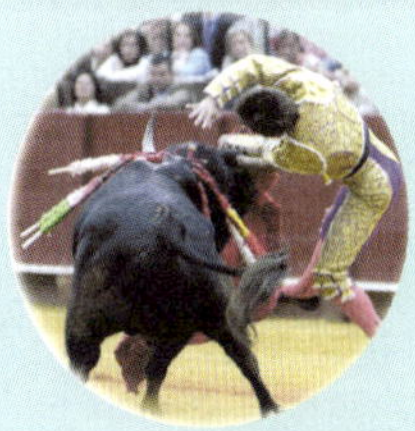

그림을 보고, ● 안에 들어갈 알맞은 글자를 찾아 색칠해 보세요.

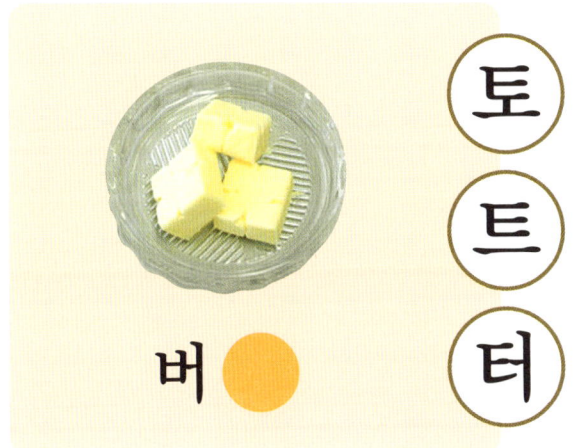

버 ●

토 트 터

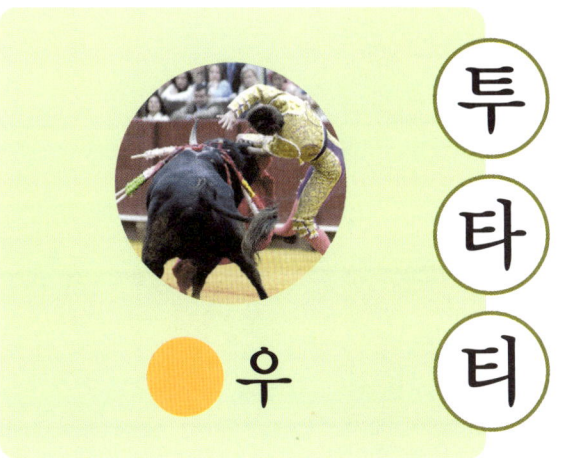

● 우

투 타 티

날짜: 월   일

'파~피' 익히기

🎲 소리내어 읽으면서 바르게 써 보세요.

파	파	파	파	파	파
퍼	퍼	퍼	퍼	퍼	퍼
포	포	포	포	포	포
푸	푸	푸	푸	푸	푸
프	프	프	프	프	프
피	피	피	피	피	피

'파~피' 익히기

🎲 그림의 공통으로 들어가는 낱자를 쓰세요.

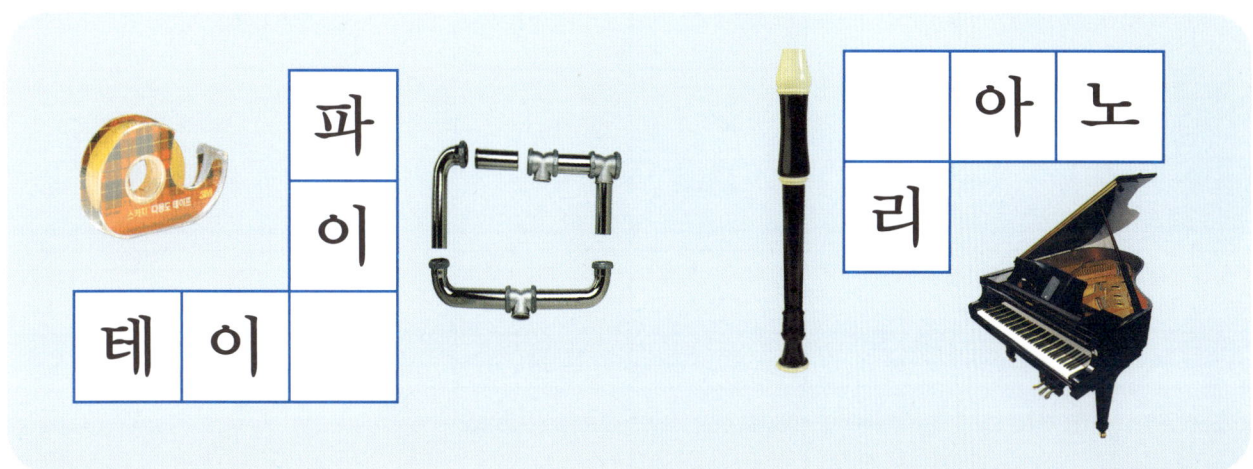

날짜: 월   일

'파' 낱말 익히기

매우잘함 잘함 보통

🎲 그림과 함께 낱말을 읽고, 바르게 써 보세요.

파	리
파	리
파	리
파	리

소	파
소	파
소	파
소	파

파	도
파	도
파	도
파	도

'퍼' 낱말 익히기

날짜:　　월　　일

🎲 그림과 함께 낱말을 읽고, 바르게 써 보세요.

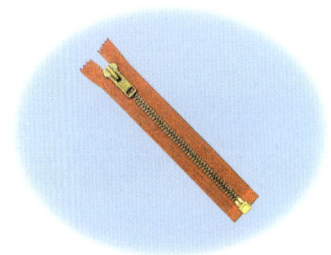

수	퍼	맨
수	퍼	맨
수	퍼	맨
수	퍼	맨

지	퍼
지	퍼
지	퍼
지	퍼

날짜 :   월   일

'포' 낱말 익히기

🎲 그림과 함께 낱말을 읽고, 바르게 써 보세요.

포	도	포	크	대	포
포	도	포	크	대	포
포	도	포	크	대	포
포	도	포	크	대	포

'푸' 낱말 익히기

그림과 함께 낱말을 읽고, 바르게 써 보세요.

지	푸	라	기

샴	푸

'프' 낱말 익히기

날짜 :   월   일

그림과 함께 낱말을 읽고, 바르게 써 보세요.

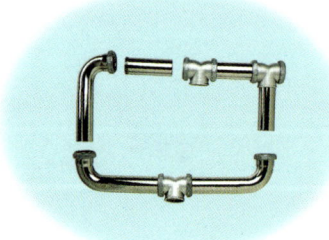

테	이	프
테	이	프
테	이	프
테	이	프

파	이	프
파	이	프
파	이	프
파	이	프

날짜 :   월   일

'피' 낱말 익히기

매우잘함 잘함 보통

🎲 그림과 함께 낱말을 읽고, 바르게 써 보세요.

 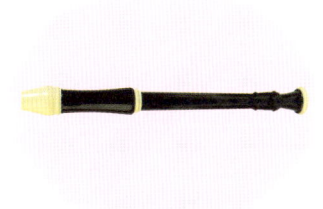 

피	망		피	리		피	자
피	망		피	리		피	자
피	망		피	리		피	자
피	망		피	리		피	자

4단계 61

날짜 :   월   일

'파~포' 낱말 다지기

매우잘함 잘함 보통

그림과 함께 낱말을 읽고, 바르게 써 보세요.

 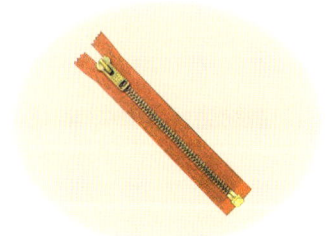 

파	리

지	퍼

포	도

날짜: 월   일

'푸~피' 낱말 다지기

🎲 그림과 함께 낱말을 읽고, 바르게 써 보세요.

  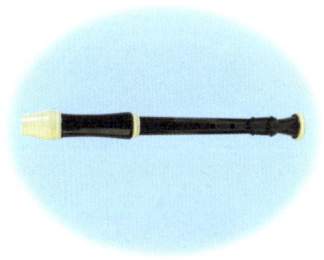

샴	푸
샴	푸
샴	푸
샴	푸

하	프
하	프
하	프
하	프

피	리
피	리
피	리
피	리

'파~피' 다지기

🎲 그림의 이름 빈 곳에 알맞은 낱자 스티커를 붙여 보세요.

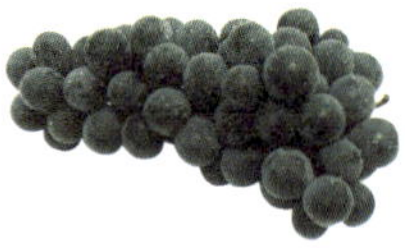

◯도	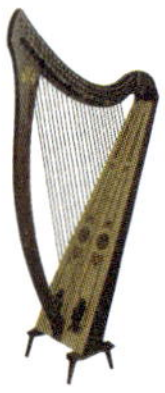 하◯	◯아노
◯리	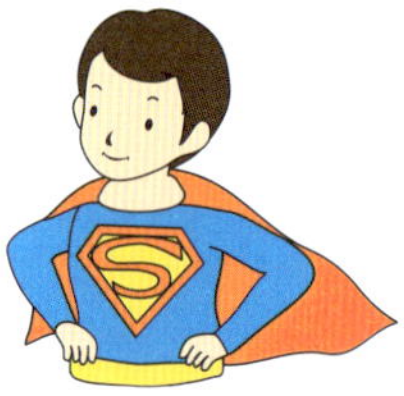 수◯맨	◯망

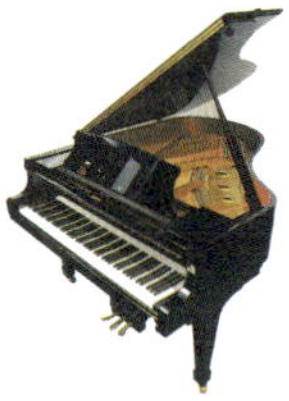

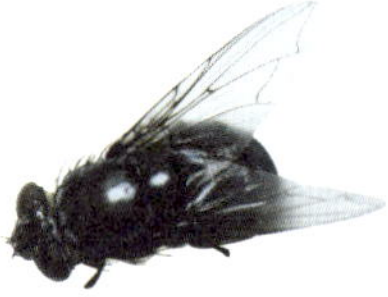

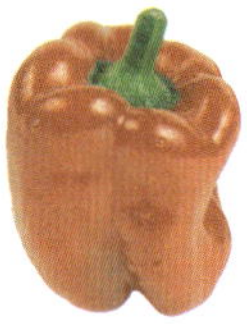

보기 — 포 프 피 파 퍼

🎲 소리내어 읽으면서 바르게 써 보세요.

| 파 | 퍼 | 포 | 푸 | 프 | 피 |

날짜 :   월   일

'파~피' 다지기

매우잘함 잘함 보통

● 안의 글자가 이름에 들어 있는 그림을 찾아 색칠해 보세요.

포   토마토   포크   조개

파   양파   오이   파인애플

그림의 이름 빈 곳에 알맞은 낱자를 찾아 ○ 하세요.

양 [파/퍼]   토마 [투/토]   하 [피/프]

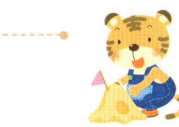

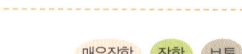

날짜 : 월 일

'하~히' 익히기

매우잘함 잘함 보통

소리내어 읽으면서 바르게 써 보세요.

하	하	하	하	하	하
허	허	허	허	허	허
호	호	호	호	호	호
후	후	후	후	후	후
흐	흐	흐	흐	흐	흐
히	히	히	히	히	히

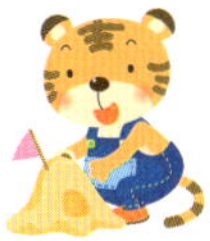

날짜 : 월 일

'하~히' 익히기

매우잘함 잘함 보통

그림을 보고, 공통으로 들어 있는 낱자를 □ 안에 써 보세요.

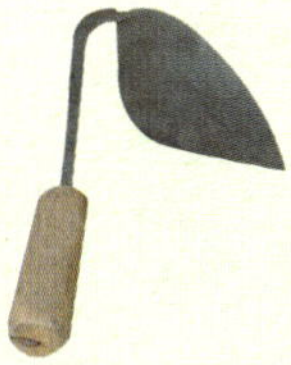

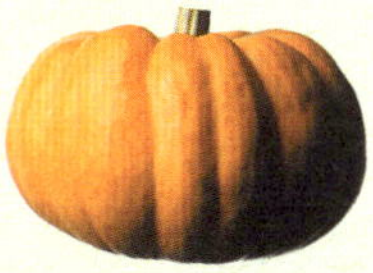

호	미

호	박

□

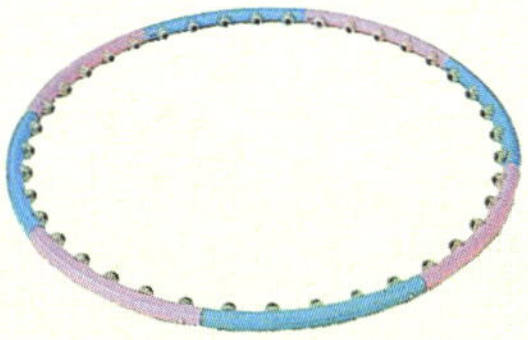

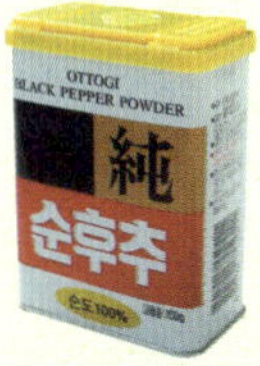

훌	라	후	프

후	추

□

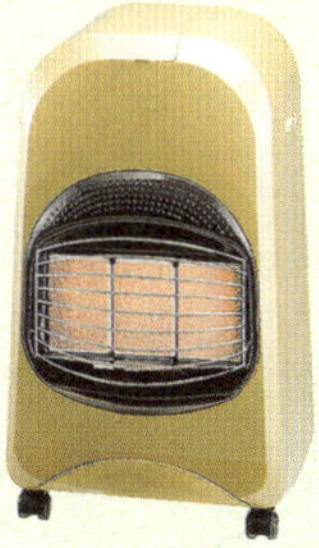

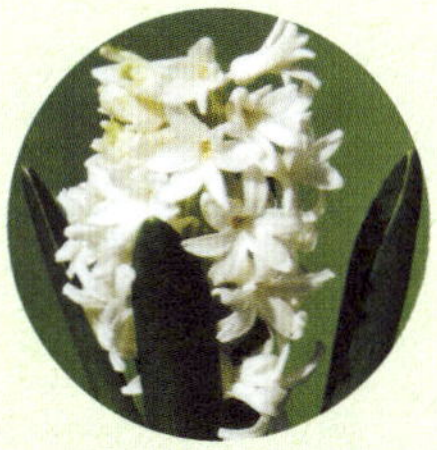

히	터

히	아	신	스

□

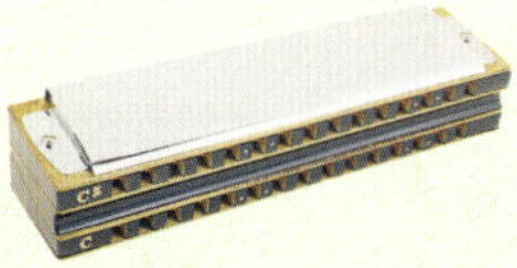

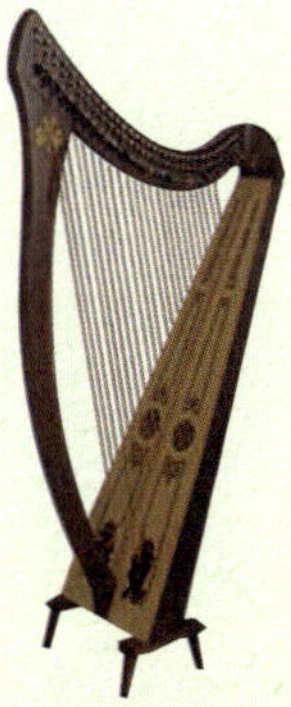

하	모	니	카

하	프

□

날짜 :   월   일

'하' 낱말 익히기

그림과 함께 낱말을 읽고, 바르게 써 보세요.

하	모	니	카
하	모	니	카
하	모	니	카
하	모	니	카

하	마
하	마
하	마
하	마

'허' 낱말 익히기

그림과 함께 낱말을 읽고, 바르게 써 보세요.

허	수	아	비
허	수	아	비
허	수	아	비
허	수	아	비

허	리
허	리
허	리
허	리

날짜 :   월   일

'호' 낱말 익히기

매우잘함 잘함 보통

🎲 그림과 함께 낱말을 읽고, 바르게 써 보세요.

호	두	호	미	호	수
호	두	호	미	호	수
호	두	호	미	호	수
호	두	호	미	호	수

날짜: 월   일

'후' 낱말 익히기

🎲 그림과 함께 낱말을 읽고, 바르게 써 보세요.

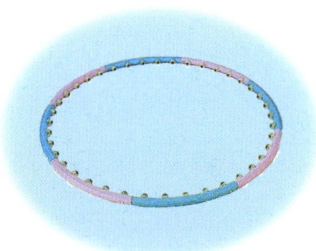 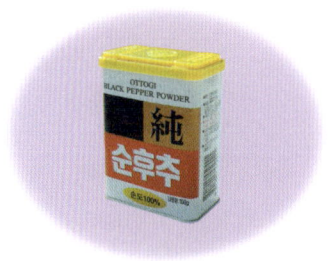

훌	라	후	프
훌	라	후	프
훌	라	후	프
훌	라	후	프

후	추
후	추
후	추
후	추

'흐' 낱말 익히기

날짜 :   월   일

🎲 그림과 함께 낱말을 읽고, 바르게 써 보세요.

흐	르	다

흐	리	다

날짜: 월   일

'히' 낱말 익히기

매우잘함 잘함 보통

🎲 그림과 함께 낱말을 읽고, 바르게 써 보세요.

히	아	신	스
히	아	신	스
히	아	신	스
히	아	신	스

히	터
히	터
히	터
히	터

4 단계 73

'하~호' 낱말 다지기

그림과 함께 낱말을 읽고, 바르게 써 보세요.

| 하 | 마 | 허 | 리 | 호 | 두 |

날짜: 월   일

'후~히' 낱말 다지기

🎲 그림과 함께 낱말을 읽고, 바르게 써 보세요.

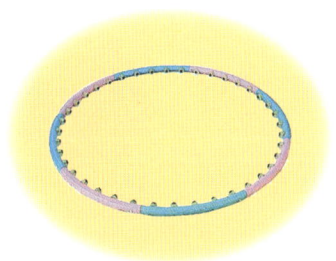

훌	라	후	프
훌	라	후	프
훌	라	후	프
훌	라	후	프

히	터
히	터
히	터
히	터

날짜 : 월 일

'하~히' 다지기

매우잘함 잘함 보통

🎲 그림의 이름 빈 곳에 알맞은 낱자 스티커를 붙여 보세요.

🎲 소리내어 읽으면서 바르게 써 보세요.

'하~히' 다지기

날짜:　월　일

🎲 보물을 찾으러 가야 해요. '하→허→호→후→흐→히'의 순서대로 길을 따라가 보세요.

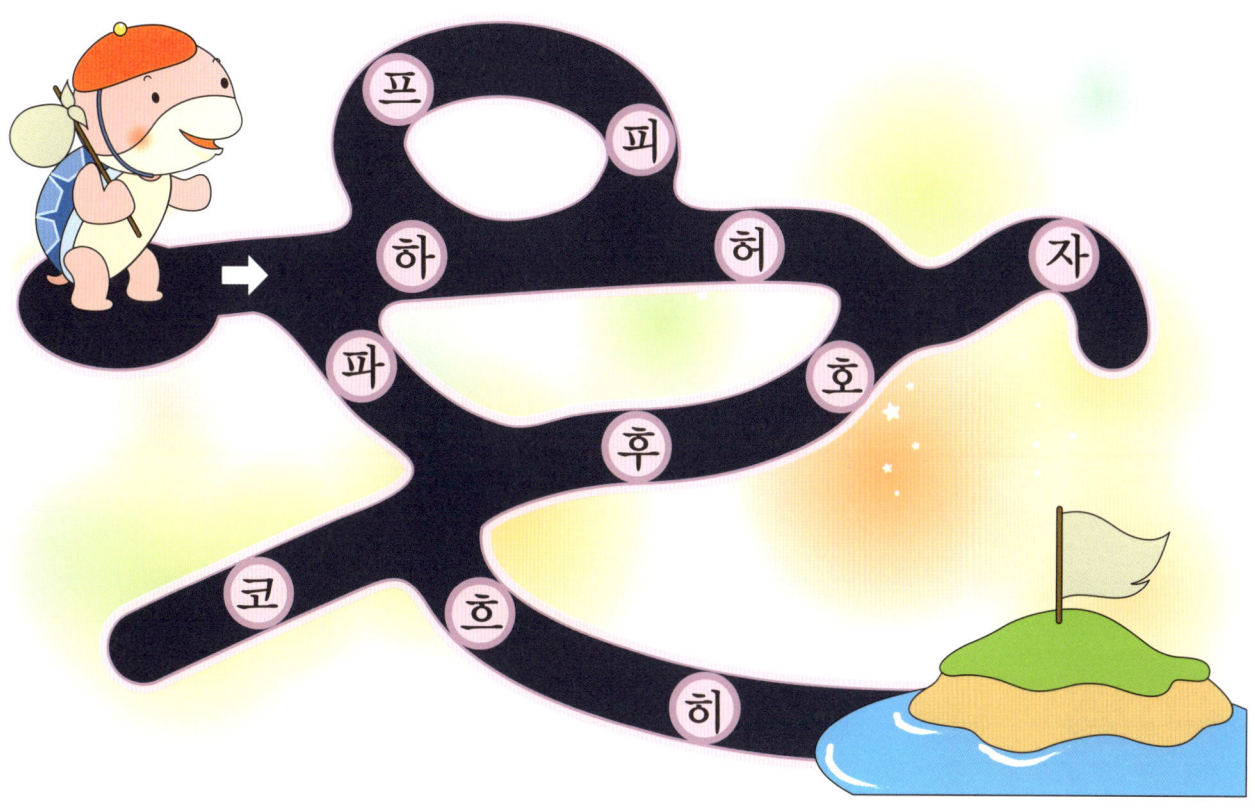

🎲 그림의 이름에 들어 있는 글자를 모두 찾아 ◯ 해 보세요.

| 호 | 히 | 스 |
| 야 | 아 | 신 |

닿소리+'ㅑ' 익히기

날짜: 월 일

🎲 소리내어 읽으면서 바르게 써 보세요.

갸	갸	갸	갸	갸	갸	갸
냐	냐	냐	냐	냐	냐	냐
댜	댜	댜	댜	댜	댜	댜
랴	랴	랴	랴	랴	랴	랴
먀	먀	먀	먀	먀	먀	먀
뱌	뱌	뱌	뱌	뱌	뱌	뱌
샤	샤	샤	샤	샤	샤	샤

날짜: 월 일

닿소리+'ㅑ' 익히기

매우잘함 잘함 보통

🎲 소리내어 읽으면서 바르게 써 보세요.

야	야	야	야	야	야	야
쟈	쟈	쟈	쟈	쟈	쟈	쟈
챠	챠	챠	챠	챠	챠	챠
캬	캬	캬	캬	캬	캬	캬
탸	탸	탸	탸	탸	탸	탸
퍄	퍄	퍄	퍄	퍄	퍄	퍄
햐	햐	햐	햐	햐	햐	햐

닿소리+'ㅕ' 익히기

날짜: 월 일

🎲 소리내어 읽으면서 바르게 써 보세요.

겨			겨	겨	겨	겨
녀			녀	녀	녀	녀
뎌			뎌	뎌	뎌	뎌
려			려	려	려	려
며			며	며	며	며
벼			벼	벼	벼	벼
셔			셔	셔	셔	셔

닿소리+'ㅕ' 익히기

날짜 :   월   일

🎲 소리내어 읽으면서 바르게 써 보세요.

여	여	여	여	여	여	여
져	져	져	져	져	져	져
쳐	쳐	쳐	쳐	쳐	쳐	쳐
켜	켜	켜	켜	켜	켜	켜
텨	텨	텨	텨	텨	텨	텨
펴	펴	펴	펴	펴	펴	펴
혀	혀	혀	혀	혀	혀	혀

4 단계 81

날짜 :   월   일

닿소리 + 'ㅛ' 익히기

🎲 소리내어 읽으면서 바르게 써 보세요.

교	교	교	교	교	교	교
노	노	노	노	노	노	노
됴	됴	됴	됴	됴	됴	됴
료	료	료	료	료	료	료
묘	묘	묘	묘	묘	묘	묘
뵤	뵤	뵤	뵤	뵤	뵤	뵤
쇼	쇼	쇼	쇼	쇼	쇼	쇼

닿소리+'ㅛ' 익히기

소리내어 읽으면서 바르게 써 보세요.

요	요	요	요	요	요	요
죠	죠	죠	죠	죠	죠	죠
쵸	쵸	쵸	쵸	쵸	쵸	쵸
쿄	쿄	쿄	쿄	쿄	쿄	쿄
툐	툐	툐	툐	툐	툐	툐
표	표	표	표	표	표	표
효	효	효	효	효	효	효

닿소리+'ㅠ' 익히기

날짜 :   월   일

🎲 소리내어 읽으면서 바르게 써 보세요.

규	규	규	규	규	규	규
뉴	뉴	뉴	뉴	뉴	뉴	뉴
듀	듀	듀	듀	듀	듀	듀
류	류	류	류	류	류	류
뮤	뮤	뮤	뮤	뮤	뮤	뮤
뷰	뷰	뷰	뷰	뷰	뷰	뷰
슈	슈	슈	슈	슈	슈	슈

닿소리+'ㅠ' 익히기

날짜:　　월　　일

🎲 소리내어 읽으면서 바르게 써 보세요.

유	유	유	유	유	유	유
쥬	쥬	쥬	쥬	쥬	쥬	쥬
츄	츄	츄	츄	츄	츄	츄
큐	큐	큐	큐	큐	큐	큐
튜	튜	튜	튜	튜	튜	튜
퓨	퓨	퓨	퓨	퓨	퓨	퓨
휴	휴	휴	휴	휴	휴	휴

날짜:　　월　　일

닿소리+'ㅐ' 익히기

매우잘함　잘함　보통

 소리내어 읽으면서 바르게 써 보세요.

개	개	개	개	개	개	개
내	내	내	내	내	내	내
대	대	대	대	대	대	대
래	래	래	래	래	래	래
매	매	매	매	매	매	매
배	배	배	배	배	배	배
새	새	새	새	새	새	새

날짜: 월 일

닿소리+'ㅐ' 익히기

매우잘함 잘함 보통

🎲 소리내어 읽으면서 바르게 써 보세요.

애	애	애	애	애	애	애
재	재	재	재	재	재	재
채	채	채	채	채	채	채
캐	캐	캐	캐	캐	캐	캐
태	태	태	태	태	태	태
패	패	패	패	패	패	패
해	해	해	해	해	해	해

닿소리+'ㅔ' 익히기

소리내어 읽으면서 바르게 써 보세요.

계	계	계	계	계	계	계
네	네	네	네	네	네	네
데	데	데	데	데	데	데
레	레	레	레	레	레	레
메	메	메	메	메	메	메
베	베	베	베	베	베	베
세	세	세	세	세	세	세

닿소리 + 'ㅔ' 익히기

🎲 소리내어 읽으면서 바르게 써 보세요.

에	에	에	에	에	에	에
제	제	제	제	제	제	제
체	체	체	체	체	체	체
케	케	케	케	케	케	케
테	테	테	테	테	테	테
페	페	페	페	페	페	페
헤	헤	헤	헤	헤	헤	헤

닿소리 + 'ㅚ' 익히기

날짜 :   월   일

🎲 소리내어 읽으면서 바르게 써 보세요.

괴	괴	괴	괴	괴	괴	괴
뇌	뇌	뇌	뇌	뇌	뇌	뇌
되	되	되	되	되	되	되
뢰	뢰	뢰	뢰	뢰	뢰	뢰
뫼	뫼	뫼	뫼	뫼	뫼	뫼
뵈	뵈	뵈	뵈	뵈	뵈	뵈
쇠	쇠	쇠	쇠	쇠	쇠	쇠

닿소리+'ㅚ' 익히기

🎲 소리내어 읽으면서 바르게 써 보세요.

| 외 |
| 죄 |
| 최 |
| 쾨 |
| 퇴 |
| 푀 |
| 회 |

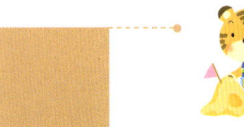

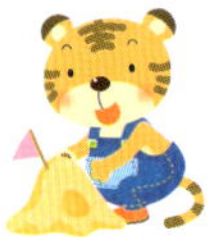

날짜 : 월 일

닿소리+ 'ㅟ' 익히기

매우잘함 잘함 보통

소리내어 읽으면서 바르게 써 보세요.

귀	귀	귀	귀	귀	귀	귀
뉘	뉘	뉘	뉘	뉘	뉘	뉘
뒤	뒤	뒤	뒤	뒤	뒤	뒤
뤼	뤼	뤼	뤼	뤼	뤼	뤼
뮈	뮈	뮈	뮈	뮈	뮈	뮈
뷔	뷔	뷔	뷔	뷔	뷔	뷔
쉬	쉬	쉬	쉬	쉬	쉬	쉬

닿소리+'ㅟ' 익히기

날짜: 월 일

🎲 소리내어 읽으면서 바르게 써 보세요.

위	위	위	위	위	위	위
쥐	쥐	쥐	쥐	쥐	쥐	쥐
취	취	취	취	취	취	취
퀴	퀴	퀴	퀴	퀴	퀴	퀴
튀	튀	튀	튀	튀	튀	튀
퓌	퓌	퓌	퓌	퓌	퓌	퓌
휘	휘	휘	휘	휘	휘	휘

날짜: 월   일

겹닿소리+'ㅏ', 'ㅓ' 익히기

매우잘함 잘함 보통

🎲 소리내어 읽으면서 바르게 써 보세요.

까	까	까	까	까		
따	따	따	따	따		
빠	빠	빠	빠	빠		
싸	싸	싸	싸	싸		
짜	짜	짜	짜	짜		

꺼	꺼	꺼	꺼	꺼		
떠	떠	떠	떠	떠		
뻐	뻐	뻐	뻐	뻐		
써	써	써	써	써		
쩌	쩌	쩌	쩌	쩌		

겹닿소리 + 'ㅗ', 'ㅜ' 익히기

날짜: 월   일

🎲 소리내어 읽으면서 바르게 써 보세요.

꼬	꼬	꼬	꼬	꼬		
또	또	또	또	또		
뽀	뽀	뽀	뽀	뽀		
쏘	쏘	쏘	쏘	쏘		
쪼	쪼	쪼	쪼	쪼		

꾸	꾸	꾸	꾸	꾸		
뚜	뚜	뚜	뚜	뚜		
뿌	뿌	뿌	뿌	뿌		
쑤	쑤	쑤	쑤	쑤		
쭈	쭈	쭈	쭈	쭈		

날짜 :   월   일

겹닿소리+'ㅡ','ㅣ' 익히기

🎲 소리내어 읽으면서 바르게 써 보세요.

끄	끄	끄	끄	끄		
뜨	뜨	뜨	뜨	뜨		
쁘	쁘	쁘	쁘	쁘		
쓰	쓰	쓰	쓰	쓰		
쯔	쯔	쯔	쯔	쯔		

끼	끼	끼	끼	끼		
띠	띠	띠	띠	띠		
삐	삐	삐	삐	삐		
씨	씨	씨	씨	씨		
찌	찌	찌	찌	찌		

아이의 꿈을 생각하는 마음 – 블랙베베의 정신입니다.
Dream of Black BeBe

한글은 내친구 전 8권 (준비단계 / 유아 · 유치 / 예비 1학년)

    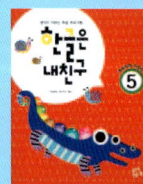   

한글은 내친구 1단계 | 한글은 내친구 2단계 | 한글은 내친구 3단계 | 한글은 내친구 4단계 | 한글은 내친구 5단계 | 한글은 내친구 6단계 | 한글은 내친구 7단계 | 한글은 내친구 8단계

수학은 내친구 전 8권 (준비단계 / 유아 · 유치 / 예비 1학년)

수학은 내친구 1단계 | 수학은 내친구 2단계 | 수학은 내친구 3단계 | 수학은 내친구 4단계 | 수학은 내친구 5단계 | 수학은 내친구 6단계 | 수학은 내친구 7단계 | 수학은 내친구 8단계

익힘장

한글은 내친구 ❹

 차례

자~지 낱말 쓰기	2
차~치 낱말 쓰기	6
카~키 낱말 쓰기	10
타~티 낱말 쓰기	14
파~피 낱말 쓰기	18
하~히 낱말 쓰기	22
이중모음 익히기	26

'자~지' 쓰기

🎲 소리내어 읽으면서 바르게 써 보세요.

자					
저					
조					
주					
즈					
지					

2 익힘장

'자', '저' 낱말 쓰기

🎲 그림과 함께 낱말을 읽고, 바르게 써 보세요.

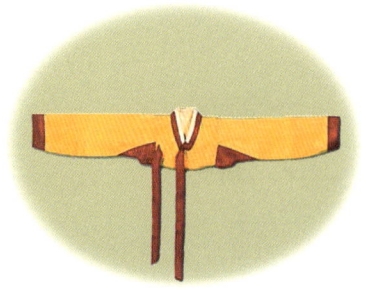

자	전	거
자	전	거
자	전	거
자	전	거

저	고	리
저	고	리
저	고	리
저	고	리

'조', '주' 낱말 쓰기

그림과 함께 낱말을 읽고, 바르게 써 보세요.

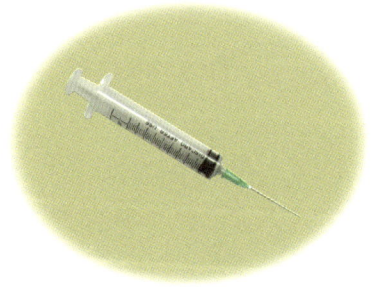

조	개

주	사	기

'즈', '지' 낱말 쓰기

🎲 그림과 함께 낱말을 읽고, 바르게 써 보세요.

치	즈
치	즈
치	즈
치	즈

지	우	개
지	우	개
지	우	개
지	우	개

'차~치' 쓰기

🎲 소리내어 읽으면서 바르게 써 보세요.

차	차	차	차	차	차
처	처	처	처	처	처
초	초	초	초	초	초
추			추	추	추
츠	츠	츠	츠	츠	츠
치	치	치	치	치	치

6 익힘장

'차', '처' 낱말 쓰기

그림과 함께 낱말을 읽고, 바르게 써 보세요.

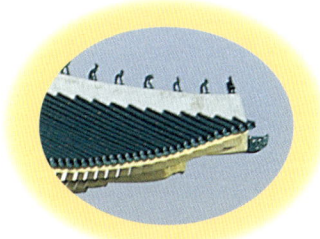

차	표
차	표
차	표
차	표

처	마
처	마
처	마
처	마

부	처
부	처
부	처
부	처

'초', '추' 낱말 쓰기

그림과 함께 낱말을 읽고, 바르게 써 보세요.

초	가	집
초	가	집
초	가	집
초	가	집

고	추
고	추
고	추
고	추

'츠', '치' 낱말 쓰기

날짜 :   월   일

매우잘함 잘함 보통

🎲 그림과 함께 낱말을 읽고, 바르게 써 보세요.

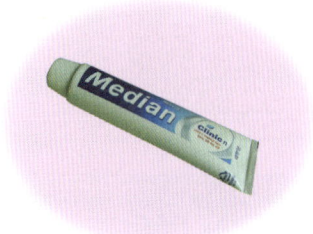

부	츠
부	츠
부	츠
부	츠

치	마
치	마
치	마
치	마

치	약
치	약
치	약
치	약

'카~키' 익히기

🎲 소리내어 읽으면서 바르게 써 보세요.

카	카	카	카	카	카
커	커	커	커	커	커
코	코	코	코	코	코
쿠	쿠	쿠	쿠	쿠	쿠
크	크	크	크	크	크
키	키	키	키	키	키

'카', '커' 낱말 쓰기

날짜 :   월   일

매우잘함 | 잘함 | 보통

🎲 그림과 함께 낱말을 읽고, 바르게 써 보세요.

카	메	라
카	메	라
카	메	라
카	메	라

커	튼
커	튼
커	튼
커	튼

'코', '쿠' 낱말 쓰기

날짜: 월   일

매우잘함 | 잘함 | 보통

🎲 그림과 함께 낱말을 읽고, 바르게 써 보세요.

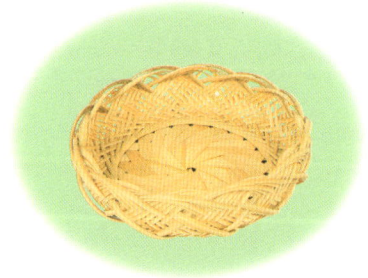

코	끼	리
코	끼	리
코	끼	리
코	끼	리

소	쿠	리
소	쿠	리
소	쿠	리
소	쿠	리

'크', '키' 낱말 쓰기

🎲 그림과 함께 낱말을 읽고, 바르게 써 보세요.

마	이	크
마	이	크
마	이	크
마	이	크

키	위
키	위
키	위
키	위

'타~티' 익히기

날짜:　　월　　일

🎲 소리내어 읽으면서 바르게 써 보세요.

타			타	타	타
터	터	터	터	터	터
토	토	토	토	토	토
투	투	투	투	투	투
트	트	트	트	트	트
티	티	티	티	티	티

'타', '터' 낱말 쓰기

🎲 그림과 함께 낱말을 읽고, 바르게 써 보세요.

타	조
타	조
타	조
타	조

놀	이	터
놀	이	터
놀	이	터
놀	이	터

'토', '투' 낱말 쓰기

🎲 그림과 함께 낱말을 읽고, 바르게 써 보세요.

토	마	토
토	마	토
토	마	토
토	마	토

투	수
투	수
투	수
투	수

'트', '티' 낱말 쓰기

날짜: 월 일

매우잘함 | 잘함 | 보통

🎲 그림과 함께 낱말을 읽고, 바르게 써 보세요.

보	트
보	트
보	트
보	트

티	셔	츠
티	셔	츠
티	셔	츠
티	셔	츠

'파~피' 익히기

날짜: 월   일

매우잘함 | 잘함 | 보통

🎲 소리내어 읽으면서 바르게 써 보세요.

파	파	파	파	파	파
퍼	퍼	퍼	퍼	퍼	퍼
포	포	포	포	포	포
푸	푸	푸	푸	푸	푸
프	프	프	프	프	프
피	피	피	피	피	피

'파', '퍼' 낱말 쓰기

그림과 함께 낱말을 읽고, 바르게 써 보세요.

파	라	솔
파	라	솔
파	라	솔
파	라	솔

슬	리	퍼
슬	리	퍼
슬	리	퍼
슬	리	퍼

'포', '푸' 낱말 쓰기

날짜 :   월   일

매우잘함 | 잘함 | 보통

🎲 그림과 함께 낱말을 읽고, 바르게 써 보세요.

포	도
포	도
포	도
포	도

지	푸	라	기
지	푸	라	기
지	푸	라	기
지	푸	라	기

'프', '피' 낱말 쓰기

그림과 함께 낱말을 읽고, 바르게 써 보세요.

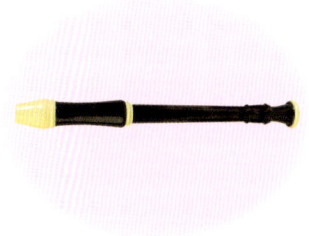

프	라	이	팬
프	라	이	팬
프	라	이	팬
프	라	이	팬

피	리
피	리
피	리
피	리

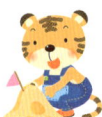

날짜 : 월 일

‘하~히’ 익히기

매우잘함 | 잘함 | 보통

소리내어 읽으면서 바르게 써 보세요.

하	하	하	하	하	하
허	허	허	허	허	허
호	호	호	호	호	호
후	후	후	후	후	후
흐	흐	흐	흐	흐	흐
히	히	히	히	히	히

'하', '허' 낱말 쓰기

 그림과 함께 낱말을 읽고, 바르게 써 보세요.

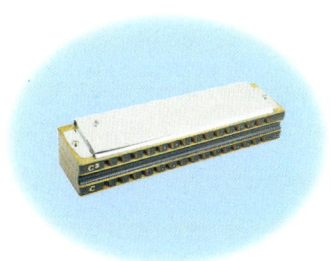

하	모	니	카
하	모	니	카
하	모	니	카
하	모	니	카

허	리
허	리
허	리
허	리

'호', '후' 낱말 쓰기

그림과 함께 낱말을 읽고, 바르게 써 보세요.

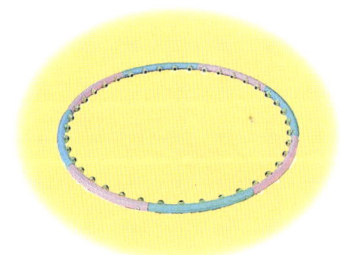

호	두
호	두
호	두
호	두

훌	라	후	프
훌	라	후	프
훌	라	후	프
훌	라	후	프

'흐', '히' 낱말 쓰기

🎲 그림과 함께 낱말을 읽고, 바르게 써 보세요.

흐	르	다
흐	르	다
흐	르	다
흐	르	다

히	터
히	터
히	터
히	터

닿소리+'ㅑ' 쓰기

🎲 소리내어 읽으면서 바르게 써 보세요.

갸	냐	댜	랴	먀	뱌	샤
갸	냐	댜	랴	먀	뱌	샤
갸	냐	댜	랴	먀	뱌	샤
갸	냐	댜	랴	먀	뱌	샤

야	쟈	챠	캬	탸	퍄	햐
야	쟈	챠	캬	탸	퍄	햐
야	쟈	챠	캬	탸	퍄	햐
야	쟈	챠	캬	탸	퍄	햐

닿소리+'ㅕ' 쓰기

🎲 소리내어 읽으면서 바르게 써 보세요.

겨	녀	뎌	려	며	벼	셔
겨	녀	뎌	려	며	벼	셔
겨	녀	뎌	려	며	벼	셔
겨	녀	뎌	려	며	벼	셔

여	져	쳐	켜	텨	펴	혀
여	져	쳐	켜	텨	펴	혀
여	져	쳐	켜	텨	펴	혀
여	져	쳐	켜	텨	펴	혀

닿소리+'ㅛ' 쓰기

날짜:　　월　　일

🎲 소리내어 읽으면서 바르게 써 보세요.

교	뇨	됴	료	묘	뵤	쇼
교	뇨	됴	료	묘	뵤	쇼
교	뇨	됴	료	묘	뵤	쇼
교	뇨	됴	료	묘	뵤	쇼

요	죠	쵸	쿄	툐	표	효
요	죠	쵸	쿄	툐	표	효
요	죠	쵸	쿄	툐	표	효
요	죠	쵸	쿄	툐	표	효

닿소리+'ㅠ' 쓰기

날짜: 월   일

매우잘함 / 잘함 / 보통

🎲 소리내어 읽으면서 바르게 써 보세요.

규	뉴	듀	류	뮤	뷰	슈
규	뉴	듀	류	뮤	뷰	슈
규	뉴	듀	류	뮤	뷰	슈
규	뉴	듀	류	뮤	뷰	슈

유	쥬	츄	큐	튜	퓨	휴
유	쥬	츄	큐	튜	퓨	휴
유	쥬	츄	큐	튜	퓨	휴
유	쥬	츄	큐	튜	퓨	휴

닿소리+'ㅐ' 쓰기

🎲 소리내어 읽으면서 바르게 써 보세요.

개	내	대	래	매	배	새
개	내	대	래	매	배	새
개	내	대	래	매	배	새
개	내	대	래	매	배	새

애	재	채	캐	태	패	해
애	재	채	캐	태	패	해
애	재	채	캐	태	패	해
애	재	채	캐	태	패	해

닿소리+'ㅔ' 쓰기

🎲 소리내어 읽으면서 바르게 써 보세요.

게	네	데	레	메	베	세
게	네	데	레	메	베	세
게	네	데	레	메	베	세
게	네	데	레	메	베	세

에	제	체	케	테	페	헤
에	제	체	케	테	페	헤
에	제	체	케	테	페	헤
에	제	체	케	테	페	헤

닿소리 + 'ㅚ' 쓰기

🎲 소리내어 읽으면서 바르게 써 보세요.

괴	뇌	되	뢰	뫼	뵈	쇠

외	죄	최	쾨	퇴	푀	회